Tous ensemble 1–2

AF180349

Verbenlernheft

Ernst Klett Verlag
Stuttgart Leipzig

1. Auflage 1 10 9 8 7 | 24 23 22 21

Alle Drucke dieser Auflage können im Unterricht nebeneinander benutzt werden, sie sind untereinander unverändert. Die letzte Zahl bezeichnet das Jahr dieses Druckes.

© Ernst Klett Verlag GmbH, Stuttgart 2014.
Alle Rechte vorbehalten.
Internetadresse: www.klett.de

Redaktion: Dr. Nathalie Karanfilovic
Mediengestaltung: Birgit Gaab
Umschlagfoto: Ilka Kramer, Avignon/Thinkstock (iStockphoto), München
Zeichnungen: Christian Dekelver, Weinstadt; Michael O'Mara Books Ltd., Myrtia Wefelmeier, Berlin
Repro: Meyle + Müller, Medien-Management, Pforzheim
Druck: AZ Druck und Datentechnik, Kempten/Allgäu

Printed in Germany
ISBN 978-3-12-623605-8

9 783126 236058

Vokabeln lernen mit dem Verbenlernheft

Dieses Verbenlernheft im Taschenformat soll dir dabei helfen, die Verben von *Tous ensemble 1* und *2* zu wiederholen. So verschwendest du keine Zeit. Du kannst damit in Pausen oder in Bus und Bahn üben oder Verbformen nachschlagen, die dir gerade nicht mehr einfallen.

Du kannst in diesem Heft die Verben einer Lektion wiederholen, bestimmte Verbformen nachschlagen, Unsicherheiten zerstreuen oder dich ganz einfach „stärken", indem du zu den nicht immer einfachen Verben ein paar schriftliche Übungen machst. Das gibt dir Sicherheit, denn zu allen Übungen findest du am Ende des Heftes die Lösungen zum Vergleich oder zum „Spicken", wenn dir eine Form gerade nicht einfällt.

Am Anfang jeder *Leçon* findest du eine Liste aller neuen Verben mit ihrer Übersetzung und einen Lerntipp. Die vielfältigen, mitunter auch spielerischen Übungen konzentrieren sich stets auf die Verben der jeweiligen *Leçon*.

Im Anschluss kannst du eine Verbform in den Verbtabellen oder direkt in der alphabetischen Verbenliste nachschlagen.

Nun aber viel Spaß und viel Erfolg!
Dein *Tous ensemble*-Team

Tipp
Vor Vokal wird **je** zu **j'**, z. B.: **j'habite**

1 Bonjour, Paris!

je m'appelle [ʒəmapɛl]	ich heiße
j'habite à ... [ʒabita]	ich wohne in ...
C'est qui? [sɛki]	Wer ist das?
Ça va? [sava]	Wie geht's?
Tu t'appelles comment? [tytapɛlkɔmɑ̃]	Wie heißt du?
C'est ... [sɛ]	Das ist ...

2 C'est la rentrée!

Qu'est-ce que c'est? [kɛskəsɛ]	Was ist das?
Ça fait ... [safɛ]	Das macht ... /Das sind ...
Tu as aussi un chien? [tyaosiɛ̃ʃjɛ̃]	Hast du auch einen Hund?
J'ai un chat. [ʒeɛ̃ʃa]	Ich habe eine Katze.
Il/Elle a un frère? [il/ɛlaɛ̃fʀɛʀ]	Hat er/sie einen Bruder?
Il/Elle a quel âge? [il/ɛlakɛlaʒ]	Wie alt ist er/sie?
Regarde. [ʀəgaʀd]	Schau mal.
Stop! [stɔp]	Halt!/Stopp!
L'histoire continue. [listwaʀkõtiny]	Die Geschichte geht weiter.
avoir [avwaʀ]	haben
Arrête. [aʀɛt]	Hör auf!
Ça suffit! [sasyfi]	Das reicht!
Tu poses des questions. [typozdekɛstjõ]	Du stellst Fragen.

3 Les loisirs, c'est cool!

Malika chatte avec Julie. [malikatʃatavɛkʒyli]	Malika chattet mit Julie.

il y a [ilja]	es gibt
On y va? [õniva]	Gehen wir (hin)?
C'est nul. [sɛnyl]	Das ist blöd.
aimer [ɛme]	mögen/lieben
adorer [adɔʀe]	(sehr) lieben/am liebsten haben/mögen
détester [detɛste]	(überhaupt) nicht mögen/hassen
chercher [ʃɛʀʃe]	suchen

→ **chercher**
je cherch**e**, tu cherch**es**, il/elle/on cherch**e**,
nous cherch**ons**, vous cherch**ez**, ils/elles cherch**ent**

Qu'est-ce qu'il y a? [kɛskilja]	*hier:* Was ist los/Was gibt es?
rester [ʀɛste]	bleiben
Vous restez cool. [vuʀɛstekul]	Ihr bleibt cool/ruhig.
regarder [ʀəgaʀde]	ansehen/anschauen/betrachten
danser [dɑ̃se]	tanzen
chanter [ʃɑ̃te]	singen
Allez! [ale]	Los!
Qu'est-ce qu'il fait? [kɛskilfɛ]	Was macht er?
tomber [tõbe]	fallen/hinfallen
jouer [ʒwe]	spielen
arriver [aʀive]	kommen/ankommen
Ce sont ... [səsõ]	Da(s) sind ...
préparer [pʀepaʀe]	vorbereiten/zubereiten
avoir [avwaʀ]	haben

→ **avoir**
j'**ai**, tu **as**, il/elle/on **a**, nous **avons**, vous **avez**,
ils/elles **ont**

1 Was passt zusammen? Verbinde die Teile sinnvoll. Fülle das Raster aus.

1. C'est qui?
2. J'habite à …
3. Je m'appelle …
4. Ça va?
5. Tu t'appelles comment?
6. Tu as un chat?
7. Qu'est-ce que c'est?

a) C'est Maxime.
b) … Julie.
c) Oui, ça va.
d) Oui, j'ai un chat.
e) Je m'appelle Malika.
f) … Paris.
g) C'est une trousse.

1.	2.	3.	4.	5.	6.	7.

2 Kreuze die richtigen Antworten an.

a) Du möchtest wissen, was das ist. Was fragst du?
☐ Qu'est-ce que c'est? ☐ Ça va?

b) Du fragst dich, was dein Freund macht. Was fragst du?
☐ Qu'est-ce qu'il y a? ☐ Qu'est-ce qu'il fait?

c) Du möchtest wissen, was los ist. Was fragst du?
☐ Tu t'appelles comment? ☐ Qu'est-ce qu'il y a?

3 Setze die fehlenden Pronomen *je, tu, il, elle, on, nous, vous, ils, elles* ein. Achtung! Manchmal gibt es mehrere Möglichkeiten.

a) ____________ ai
b) ____________ cherchent
c) ____________ adore
d) ____________ habites
e) ____________ arrivons
f) ____________ restez
g) ____________ arrives
h) ____________ préparent
i) ____________ regardons
j) ____________ aime

4 In den drei ersten Lektionen hast du schon einige Verben gelernt. Finde sie in dem Buchstabensalat wieder.

 merai ____________________

 rerado ____________________

 tesdérte ____________________

 chheerc ____________________

 resdna ____________________

 bermot ____________________

 jeruo ____________________

 terchan ____________________

5 **Fülle die Lücken im Raster mit den entsprechenden Formen von *avoir*.**

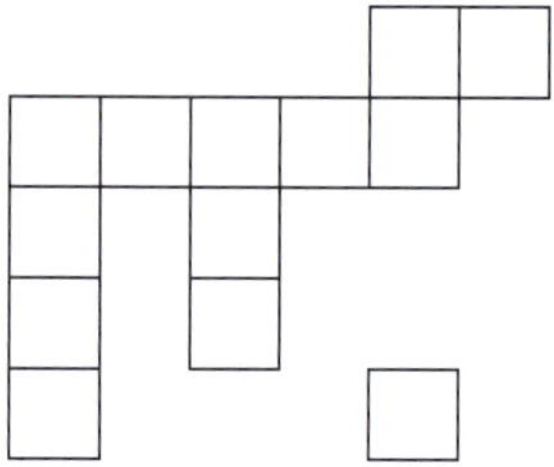

6 **Ergänze nun die richtigen Formen von *avoir*.**

Amir et les amis ______________ la coupe! Ils arrivent chez

Mme Moretti. La maman de Julie _____________ une crêperie.

Mme Moretti: Les filles, vous ______________ faim?

Les filles: Oui, nous ________________ faim.

Mme Moretti: Amir. Tu _____________ faim aussi?

Amir: Oh oui! J'__________ faim, Mme Moretti!

Tipp
Wie du siehst, ist da Verb **être** ganz schön unregelmäßig: hier hilft nur, die Formen auswendig zu lernen. Schreibe die einzelnen Verbformen auf einen großen Zettel und hänge diesen an einen Ort, an dem du dich öfter am Tag aufhältst. So lernst du die Konjugationen im „Vorbeigehen".

Joyeux anniversaire!

Mon anniversaire, c'est le ... [mõanivɛʀsɛʀsɛlə]	Ich habe am ... Geburtstag./ Mein Geburtstag ist am ...
Qu'est-ce qu'on achète? [kɛskõnaʃɛt]	Was kaufen wir?
Où sont ...? [usõ]	Wo sind ...?
C'est cher. [sɛʃɛʀ]	Das ist teuer.
Tu es d'accord? [tyɛdakɔʀ]	Bist du einverstanden?
Je suis d'accord. [ʒəsɥidakɔʀ]	Ich bin einverstanden.
Je ne sais pas. [ʒən(ə)sɛpa]	Keine Ahnung./Ich weiß (es) nicht.
Attends. [atɑ̃]	Warte mal.
Vous êtes où? [vuzɛtu]	Wo seid ihr?
être [ɛtʀ]	sei

→ **être**
je **suis**, tu **es**, il/elle/on **est**, nous **sommes**, vous **êtes**, ils/elles **sont**

apporter [apɔʀte]	bringen/mitbringen
ranger [ʀɑ̃ʒe]	aufräumen
Fais voir. [fɛvwaʀ]	Zeig mal.
Gagné! [gaɲe]	Gewonnen!
gagner [gaɲe]	gewinnen

4 Leçon

1 Finde im Gitternetz die Verbformen von *être*.

a)
b)
c)
d)
e)
f)

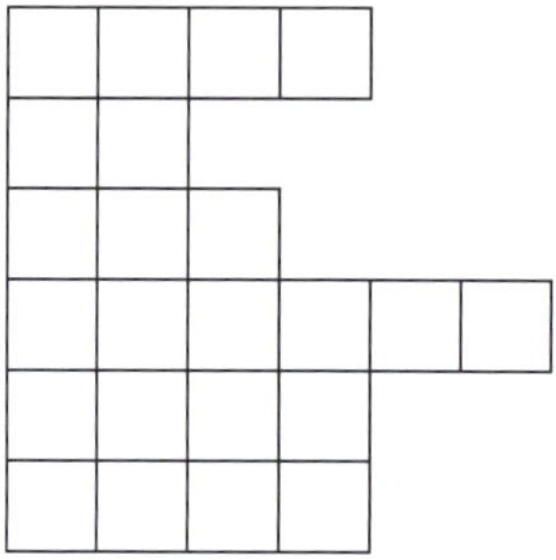

a) je ____________________ d) nous ____________________

b) tu ____________________ e) vous ____________________

c) il ____________________ f) ils ____________________

2 Bilde vollständige Sätze, indem du die Satzteile miteinander verbindest. Schreibe anschließend die Sätze.

a) Oui, je	sont	samedi.
b) Où	êtes	d'accord!
c) Mon anniversaire, c'	suis	où?
d) Vous	est	les filles?
e) Allô? Oui, nous	sommes	dans le bus.

a) ____

b) ____

c) ____

d) ____

e) ____

3 Bringe die Satzteile in die richtige Reihenfolge.

a) de / Les parents / ce sont / ma mère, / grands-parents. / mes

____

b) d'anniversaire. / apportent / Les amis / de Maxime / le cadeau

____

c) qu'il y a / l'armoire / Qu'est-ce / dans / de Maxime?

____

d) tu / ranges / Aujourd'hui, / ta chambre.

____

e) on / l'anniversaire / achète / pour / Qu'est-ce qu' / de Maxime?

____

4 In dieser Lektion hast du auch einige neue Sätze gelernt. Übersetze sie.

Deutsch	Französisch
Warte mal.	
Das ist teuer.	
Zeig mal.	
Ich bin einverstanden.	
Gewonnen!	
Wir sind dran.	

5 Leçon

Tipp
Schreibe Wörter/Ausdrücke, die dir schwierig erscheinen, besonders deutlich auf und markiere die Schwierigkeiten farblich.

Lisa à Paris

Je t'aime. [ʒətɛm]	Ich liebe dich.
habiter [abite]	wohnen
J'hallucine! *(fam.)* [ʒalysin]	Ich glaub, ich spinne! *(ugs.)*
halluciner [alysine]	halluzinieren/spinnen
Viens! [vjɛ̃]	Komm! *(Aufforderung)*
jongler [ʒõgle]	jonglieren
Ce n'est pas cher. [sənɛpaʃɛʀ]	Das ist nicht teuer./Das ist billig.
visiter [vizite]	besichtigen
aller [ale]	gehen/fahren

→ **aller**
je **vais**, tu **vas**, il/elle/on **va**, nous **allons**,
vous **allez**, ils/elles **vont**

Qu'est-ce qu'on fait? [kɛskõfɛ]	Was machen/tun wir?
Il pleut. [ilplø]	Es regnet.
on y va [õniva]	wir gehen (da)hin
Vous désirez? [vudeziʀe]	Sie wünschen?
Je voudrais ... [ʒəvudʀɛ]	Ich möchte .../Ich hätte gern ...
Ça fait combien? [safɛkõbjɛ̃]	Wie viel kostet das?
trouver [tʀuve]	finden
Lisa fait le numéro.	Lisa wählt die Nummer.
sonner [sɔne]	klingeln/läuten
Il fait beau. [ilfɛbo]	Es/Das Wetter ist schön.

1 Welche Verben verstecken sich hinter den Buchstabensalaten?

L L E A R	____________________	(gehen)
T E R V I S I	____________________	(besichtigen)
G L R E N O J	____________________	(jonglieren)
V E R T R O U	____________________	(finden)
N N R E O S	____________________	(klingeln)
U L L N E R H A C I	____________________	(spinnen)

2 Fülle nun die Lücken mit den Verben aus Übung 1. Vergiss nicht die Verben zu konjugieren.

Aujourd'hui il fait beau, Julie et Lisa v____________  à Montmartre. Elles v____________ le Sacré-Cœur. Waouh! C'est fou! Traoré est là et il j____________  avec son ballon. Julie h____________! Vite un film! Lisa c____________ et t____________ son portable. Ouf!

3 Ergänze die Sätze mit der passenden Verbform von *aller*.

a) On ☐☐ à la crêperie?

b) Je ne ☐☐☐☐ pas au collège aujourd'hui.

c) Il fait beau. Tu ☐☐☐ à la piscine?

d) Nous ☐☐☐☐☐☐ à l'Aquaboulevard.

e) Lisa et Julie ☐☐☐☐ à Montmartre.

f) Vous n' ☐☐☐☐☐ pas au cinéma demain?

4 Setze die Sätze in die Verneinungsform.

a) J'aime le fromage.

____

b) Vous avez faim?

____

c) Les amis ont rendez-vous devant le collège.

____

d) Le portable de Julie est dans son sac.

____

e) Tu vas à la piscine?

____

f) Les filles regardent les casquettes.

____

g) C'est cher!

____

5 Kreuze die richtigen Antworten an.

a) Du glaubst, du spinnst. Was sagst du?
- ☐ Viens!
- ☐ J'hallucine!

b) Du möchtest wissen, wieviel etwas kostet. Was fragst du?
- ☐ C'est cher?
- ☐ Combien ça fait?

c) Du forderst einen Freund auf, zu kommen. Was sagst du?
- ☐ C'est fou!
- ☐ Viens!

d) Du staunst. Was sagst du?
- ☐ Ce n'est pas cher.
- ☐ Ce n'est pas vrai!

Tipp
Wenn du dir neue Vokabeln besser einprägen möchtest, sprich diese beim Lernen immer laut vor.

C'est l'été

Il fait quel temps? [ilfɛkɛltɑ̃]	Wie ist das Wetter?
passer [pase]	verbringen
inviter [ɛ̃vite]	einladen
Qu'est-ce que tu fais? [kɛskətyfɛ]	Was machst du?
rigoler [ʀigɔle]	Spaß haben/herumalbern
faire [fɛʀ]	machen

→ **faire**
je **fais**, tu **fais**, il/elle/on **fait**, nous **faisons**, vous **faites**, ils/elles **font**

présenter [pʀezɑ̃te]	vorstellen/präsentieren
Est-ce que … ? [ɛskə]	*(Frageformel)*
Rangez … [ʀɑ̃ʒe]	Räumt … auf.
frapper [fʀape]	klopfen
Entrez. [ɑ̃tʀe]	Herein.
entrer [ɑ̃tʀe]	eintreten/betreten/hereinkommen
avoir peur [avwaʀpœʀ]	Angst haben
paniquer [panike]	in Panik geraten
tourner [tuʀne]	abbiegen/(sich) drehen
tomber dans l'eau [tɔ̃bedɑ̃lo]	ins Wasser fallen
Ça arrive à tout le monde. [saaʀivatulmɔ̃d]	Das kann jedem passieren.
Ecoutez./Ecoute. [ekute/ekut]	Hört zu./Hör zu.
écouter [ekute]	zuhören

1 Finde im Gitternetz folgende Verbformen.

i	c	r	t	e	u	û	z	p	c	x	é
é	a	f	v	e	i	û	t	a	ç	q	t
c	i	r	o	l	n	e	s	s	é	r	o
o	p	a	l	u	v	t	ç	s	p	o	u
u	a	p	a	n	i	q	u	e	r	r	r
t	t	p	n	r	t	è	v	r	i	o	n
e	ê	e	t	i	e	j	e	u	e	s	e
r	l	r	e	z	r	i	g	o	l	e	r

a) verbringen ______

b) einladen ______

c) zuhören ______

d) in Panik geraten ______

e) klopfen ______

f) abbiegen ______

g) lachen ______

2 Fülle nun die Lücken mit Verben aus Übung 1. Vergiss nicht die Verben zu konjugieren.

a) Julie ______ deux semaines chez son père.

b) Les grands-parents de Maxime ______ Maxime.

c) Laurie et Inès ______ beaucoup en colo.

d) Dans le canoë, Julie a peur. Carla demande: «Pourquoi tu

______ ?»

e) Samir dit à Julie: «______ à gauche!»

f) L'animateur dit à tout le monde: «______ le programme!»

3 Finde im Gitternetz die Verbformen von *faire*. Fülle anschließend die Lücken im Text.

4 *Aller* oder *faire*? Streiche das falsche Verb.

Aujourd'hui, je ne **vais / fais** pas au cinéma parce qu'il fait beau. Alors, avec les amis, nous **allons / faisons** à la plage et nous **allons / faisons** du sport. On **va / fait** du beach-volley. Léa **va / fait** un pique-nique avec les filles. Après, elles **vont / font** du vélo. Et vous? Qu'est-ce que vous **allez / faites** aujourd'hui?

5 Wer erhält die nachfolgenden Befehle? Kreuze an.

		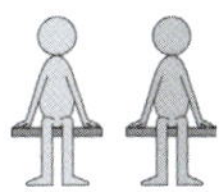
a) Tournez à droite	☐	☐
b) Écoute le rap.	☐	☐
c) Restez avec nous.	☐	☐
d) Range tes livres.	☐	☐
e) Regardez les photos.	☐	☐
f) Apportez les chips.	☐	☐
g) Prépare les crêpes.	☐	☐

Tipp
Wiederhole alle Verben mündlich. Notiere die schwierigen Wörter/Ausdrücke und lerne sie noch einmal.

Au retour des vacances

Il s'en va. [ilsɑ̃va]	Er ist vorbei.
Il reviendra. [ilʀəvjɛ̃dʀa]	Er wird wieder kommen.
Tu es allé(e) où? [tyɛaleu]	Wo bist du hingegangen?
Qu'est-ce que tu as fait? [kɛskətyafɛ]	Was hast du gemacht?

Question de look

acheté/achetée [aʃte]	gekauft
Qu'est-ce que Malika achète? [kɛskəmalikaaʃɛt]	Was kauft Malika?
passer une commande [paseynkomɑ̃d]	eine Bestellung aufgeben
bien choisir [bjɛ̃]	gut auswählen
commander [komɑ̃de]	bestellen
rentrer [ʀɑ̃tʀe]	heimkommen; heimgehen
Tu me soûles. [tyməsul]	Du gehst mir auf die Nerven.; Du nervst.
Qu'est-ce que vous fabriquez? [kɛskəvufabʀike]	Was treibt ihr da?
Tu rigoles. [tyʀigɔl]	Du machst wohl Witze!
porter [pɔʀte]	tragen
préférer [prefere]	bevorzugen
bouger [buʒe]	sich bewegen
fermer [fɛʀme]	schließen
Je m'excuse. [ʒəmɛkskyz]	Ich entschuldige mich.
On enlève le chocolat. [õnɑ̃lɛvləʃɔkola]	Wir entfernen die Schokolade.

Mme Laval ouvre la porte. [madamlavaluvʀəlapɔʀt]	Frau Laval öffnet die Tür.
Je vais parler à ta mère. [ʒəvɛpaʀleatamɛʀ]	Ich werde mit deiner Mutter sprechen.
mettre [mɛtʀ]	anziehen

→ **mettre**
je **mets**, tu **mets**, il/elle/on **met**, nous **mettons**, vous **mettez**, ils/elles **mettent**

Ça me va? [saməva]	Steht mir das?
Achète … [aʃɛt]	Kaufe …
Ce n'est pas assez chic. [sənɛpaaseʃik]	Das ist nicht schick genug.

1 **Finde im Gitternetz folgende Verbformen.**

r	i	g	o	l	r	e	s	p
é	b	a	l	u	e	t	ç	î
c	o	m	m	a	n	d	e	r
é	u	t	n	r	t	è	v	e
r	g	z	p	o	r	t	e	r
e	e	l	e	z	e	t	t	e
z	r	n	f	e	r	m	e	r

a) bestellen ____________________

b) tragen ____________________

c) heimkommen ____________________

d) sich bewegen ____________________

e) schließen ____________________

2 Wie lauten die Fragen? Ergänze die Sätze mit der passenden Form von *préférer*.

a) Qu'est-ce que tu ________________?

– Je préfère le t-shirt jaune.

b) Et qu'est-ce que Léa ________________ ?

– La robe.

c) Vous, qu'est-ce vous ________________ ?

– Nous préférons le sweat.

d) Et qu'est-ce que les garçons ________________?

– Le jean.

3 Welche Verben zum Thema „Einkaufen" verstecken sich hinter den Buchstabensalaten?

psszae	– Vous ______________ une commande sur Internet?
cmmannosd	– Oui, nous ____________________ un t-shirt blanc.
prfzéére	– Vous ne ______________ pas le sweat noir?
preot	– Oh, non, je ___________ des t-shirts blancs.
aèecht	– Alors, ________________ le t-shirt!

4 Finde im Gitternetz die Verbformen von *mettre*.

je ____________________

tu ____________________

il/elle/on ____________________

nous ____________________

vous ____________________

ils/elles ____________________

5 Kreuze die richtigen Antworten an.

a) Dein Freund macht wohl Witze. Was sagst du zu ihm?

☐ Tu rigoles! ☐ Je m'excuse.

b) Du möchtest wissen, was deine Freunde da treiben. Was fragst du?

☐ Qu'est-ce que vous commandez? ☐ Qu'est-ce que vous fabriquez?

c) Du möchtest wissen, ob etwas dir steht. Was fragst du?

☐ Ça va? ☐ Ça me va?

d) Du findest deine kleine Schwester unerträglich. Was sagst du?

☐ Tu me soûles! ☐ C'est trop chic!

Tipp
Fragt euch gegenseitig die Verben ab.

Bienvenue au collège

montrer qc à qn [mõtʀe]	jdm. etw. zeigen
donner qc à qn [dɔne]	jdm. etw. geben
commencer [kɔmɑ̃se]	beginnen
Les cours commencent à 8 heures. [lekuʀkɔmɑ̃saɥitœʀ]	Der Unterricht beginnt um acht Uhr.
Julie est stressée. [ʒyliɛstʀɛse]	Julie ist gestresst.
manger qc [mɑ̃ʒe]	etw. essen
Tu viens d'où? [tyvjɛ̃du]	Woher kommst du?
retrouver qc/qn [ʀətʀuve]	jdn. treffen; jdn./etw. wieder finden
Tiens! [tjɛ̃]	Schau mal!
Il/Elle vient de … [il/ɛlvjɛ̃də]	Er/Sie kommt aus …
Il/Elle apprend l'allemand. [il/ɛlapʀɑ̃lalmɑ̃]	Er/Sie lernt Deutsch.
Je n'ai pas le temps. [ʒənepalətɑ̃]	Ich habe keine Zeit.
allumer qc [alyme]	etw. einschalten
pour faire qc [puʀfɛʀ]	um etw. zu tun
chatter [tʃate]	chatten
cliquer sur qc [klike]	auf etw. klicken
confirmer qc [kõfiʀme]	etw. bestätigen
réviser qc [ʀevize]	etw. lernen; etw. wiederholen
venir [vəniʀ]	kommen

→ **venir**
je **viens**, tu **viens**, il/elle/on **vient**, nous **venons**, vous **venez**, ils/elles **viennent**

taper qc [tape]	etw. tippen
préféré/préférée [pRefeRe]	Lieblings-; bevorzugt
j'apprends [ʒapRɑ̃]	ich lerne

1 **Welche Verben zum Thema „ordinateur“ kennst du schon? Finde anschließend das Lösungswort.**

a)						4				einschalten
b)	8			7						eintippen
c)							5			klicken
d)			2		1					bestätigen
e)					3					chatten

Lösungswort:

1	2	3	4	5	6	7	8
					n		

2 **Fülle die Lücken mit den Verben aus Übung 1 in der passenden Form.**

Pour ________________, c'est facile! Regarde, d'abord on

________________ l'ordinateur. Quand tu as une demande de

contact d'un ami, tu ____________________ sur

«____________________». Après, tu ________________ ton

message. Super facile!!

3 Finde im Gitternetz die Verbformen von *venir*.

a) Je ____________________ de Paris. Et toi?

b) Tu ____________________ ?

c) Il ____________________ des toilettes.

d) Nous ____________________ de la piscine.

e) Vous ____________________ du collège?

f) Elles ____________________ de l'infirmerie.

4 Bringe die Satzteile in die richtige Reihenfolge.

a) du / vient / gymnase. / Maxime

____

b) La / donne / prof / un / livre /Alex. / à

____

c) documentaliste / montre / les / à / ordinateurs / Julie. / La

____

d) madame Colin. / présente / Alex / photo /sa / à

____

Tipp

Accent ou non: → a ou à ?

Si tu ne sais pas si tu dois mettre un accent ou non à «a», **traduis** la phrase. La forme du verbe **«avoir»** n'a **pas d'accent**, la préposition «à» a l'accent grave. L'accent aigu sur le «a» n'existe pas.

Enfin, c'est le week-end

téléphoner [telefɔne]	telefonieren
acheter qc [aʃte]	etw. kaufen

→ **acheter**
j'**achète**, tu **achètes**, il/elle/on **achète**,
nous **achetons**, vous **achetez**, ils/elles **achètent**

rencontrer qn [ʀɑ̃kɔ̃tʀe]	jdn. treffen; jdm. begegnen
traîner (fam.) [tʀene]	herumhängen *(ugs.)*
oublier qc [ublie]	etw. vergessen
Elles mangent du pop-corn. [ɛlmɑ̃ʒdypɔpkɔʀn]	Sie essen Popcorn.

→ **manger**
je **mange**, tu **manges**, il/elle/on **mange**,
nous **mangeons**, vous **mangez**, ils/elles **mangent**

raconter qc [ʀakɔ̃te]	etw. erzählen
Tu m'énerves! [tymenɛʀv]	Du nervst mich!
être en retard [ɛtʀɑ̃ʀətaʀ]	zu spät kommen; spät dran sein
Dis donc, ... [didɔ̃k]	Sag mal, ...
ramasser qc [ʀamase]	etw. einsammeln; etw. aufheben
Attendez! [atɑ̃de]	Wartet!
Elle nous a donné 20 euros. [ɛlnuzadonevɛ̃tøʀo]	Sie hat uns 20 Euro gegeben.
Je vous invite. [ʒəvuzɛ̃vit]	Ich lade euch ein.
J'ai perdu mon portefeuille. [ʒepɛʀdymɔ̃pɔʀt(ə)fœj]	Ich habe meine Brieftasche verloren.

attendre qn/qc [atɑ̃dʀ] auf jdn./etw. warten

→ **attendre**
j'**attends**, tu **attends**, il/elle/on **attend**,
nous **attendons**, vous **attendez**, ils/elles **attendent**

répondre à qn [ʀepɔ̃dʀ] jdm. antworten

→ **répondre**
je **réponds**, tu **réponds**, il/elle/on **répond**,
nous **répondons**, vous **répondez**, ils/elles **répondent**

demander qc à qn [dəmɑ̃de] jdn. etw. fragen

1 Konjugiere die Verben im Präsens. Fülle die Tabelle aus.

	attendre	répondre
j'/je		
tu		
il/elle/on		
nous		
vous		
ils/elles		

2 Ergänze – wenn nötig – den richtigen Akzent auf den konjugierten Verbformen von *acheter* und *préférer*.

– Aujourd'hui, j'**achete** un t-shirt sur Internet.
– Moi, je n'**achete** pas sur Internet. Je **prefere** les boutiques.
– Vous **achetez** dans les boutiques? Mes parents **preferent** aussi les boutiques mais avec mes sœurs, nous **preferons** Internet. Nous **achetons** tout sur Internet. Les robes, les livres, la musique…

3 Finde im Gitternetz die Verbformen von *manger*.

je								
tu								
il/elle								
nous								
vous								
ils/elles								

4 Was sagst du in den folgenden Situationen?

a) Jemand nervt dich. Was sagst du? ______________________

b) Du forderst deine Freunde auf, abzuwarten. ______________________

c) Du forderst einen Freund auf, abzuwarten. ______________________

d) Du forderst einen Freund auf, zu antworten. ______________________

5 Setze folgende Sätze ins *passé composé*.

a) Aujourd'hui, je mange un sandwich.

____

b) Mon portable sonne.

____

c) Nous trouvons des clés dans la rue.

____

d) Vous faites un match de badminton?

____

e) Les filles téléphonent à Mehdi.

____

f) J'achète un t-shirt sur Internet.

____

Tipp
Bring Bewegung ins Lernen! Geh beim Verbenlernen auf und ab!

Balades et découvertes

avoir envie de faire qc [avwaʀɑ̃vidəfɛʀ]	Lust haben etw. zu tun
proposer qc [pʀɔpoze]	etw. vorschlagen
pique-niquer [piknike]	ein Picknick machen
Il faut ... [ilfo]	Wir müssen ...
contrôler qc [kõtʀole]	etw. kontrollieren
C'est parti! [sɛpaʀti]	Los geht's!
Ils avancent vite. [ilavɑ̃svit]	Sie kommen schnell voran.
Je n'ai plus de batterie. [ʒənɛplydəbatʀi]	Mein Akku ist leer.
J'ai chaud. [ʒeʃo]	Mir ist heiß.; Mir ist warm.
Dépêchez-vous! [depeʃevu]	Beeilt euch!
Ils pédalent comme des fous. [ilpedalkɔmdefu]	Sie treten in die Pedale wie die Verrückten.
Qu'est-ce qu'il y a? [kɛskilja]	Was ist los?; Was gibt es?
retourner [ʀətuʀne]	umkehren; zurückkehren
demander le chemin [dəmɑ̃deləʃəmɛ̃]	nach dem Weg fragen
La boulangerie est fermée. [labulɑ̃ʒʀiɛfɛʀme]	Die Bäckerei ist zu/geschlossen.
installer qc [ɛ̃stale]	aufstellen, einrichten; *hier:* vorbereiten
plonger [plõʒe]	tauchen
prendre qc [pʀɑ̃dʀ]	etw. nehmen

→ **prendre**
je **prends**, tu **prends**, il/elle/on **prend**, nous **prenons**, vous **prenez**, ils/elles **prennent**

Il y a du vent. [iljadyvɑ̃]	Es ist windig.
Il fait soleil. [ilfɛsɔlɛj]	Es ist sonnig.
Il va pleuvoir. [ilvaplœvwaʀ]	Es wird regnen.

1 Finde im Gitternetz folgende Verbformen.

c	i	g	o	l	r	e	s	p	é	o
o	b	i	p	r	o	p	o	s	e	r
n	o	n	m	a	n	l	e	r	a	m
t	u	s	n	r	t	o	v	e	i	n
r	e	t	o	u	r	n	e	r	e	o
ô	e	a	e	z	e	g	t	e	n	p
l	a	l	d	e	m	e	n	d	e	m
e	r	l	è	p	a	r	t	i	r	n
r	o	e	t	e	p	o	r	t	e	o
e	z	r	t	t	e	z	e	t	t	p

a) vorschlagen ____________________

b) weggehen ____________________

c) kontrollieren ____________________

d) umkehren ____________________

e) aufstellen/vorbereiten ____________________

f) tauchen ____________________

2 Fülle nun die Lücken mit Verben aus Übung 1.

Demain, on va ____________ à 9 heures. Je ________________ d'aller faire une balade en vélo. Mais d'abord, il faut ________________ les VTT. Après, on va ________________ dans l'eau et on va pique-niquer. Mais aujourd'hui, il va pleuvoir. Alors, il faut ________________ à la maison à 17 heures. D'accord?

3 Finde im Gitternetz die Verbformen von *prendre*.

a) je ____________________

b) tu ____________________

c) on ____________________

d) nous ____________________

e) vous ____________________

f) elles ____________________

4 Kreuze die richtigen Antworten an.

a) Du forderst deine Freunde auf, sich zu beeilen. Was sagst du?
- ☐ Dépêchez-vous!
- ☐ C'est parti!

b) Du möchtest sagen, dass dir warm ist. Was sagst du?
- ☐ Il fait chaud?
- ☐ J'ai chaud.

c) Du möchtest wissen, was los ist. Was fragst du?
- ☐ Qu'est-ce qu'il y a?
- ☐ Qu'est-ce que c'est?

d) Du möchtest sagen, dass es sonnig ist. Was sagst du?
- ☐ Il fait du soleil.
- ☐ Il y a du vent.

e) Du möchtest sagen, dass du Lust auf einem Picknick hast. Was sagst du?
- ☐ Il faut pique-niquer.
- ☐ J'ai envie de pique-niquer.

5 Was passt zusammen? Verbinde die Sätze miteinander. Fülle das Raster aus.

1. Est-ce que tu as faim?
2. Qu'est-ce que tu as mangé?
3. Où est-ce que tu as mangé?
4. Pourquoi est-ce que tu as mangé là-bas?
5. Quand est-ce que tu as mangé?

a) Dans une crêperie.
b) Parce que j'adore les crêpes de Mme Moretti.
c) Oui.
d) A midi.
e) Une crêpe au fromage.

1.	2.	3.	4.	5.

6 Setze folgende Sätze ins *futur composé*.

a) Je chatte avec mes amis.

____

b) Nous jouons au foot.

____

c) Il fait beau demain?

____

d) Vous faites un match de badminton?

____

e) On va au cinéma?

____

f) J'achète un t-shirt sur Internet.

____

g) Qu'est-ce que vous faites là-bas?

____

h) Elles ne partent pas à onze heures.

____

Tipp
pouvoir und **vouloir** werden gleich konjugiert:
z. B. je peux – je veux / tu peux – tu veux

Ça me fascine!

Ça me fascine! [saməfasin]	Das fasziniert mich!
fasciner [fasine]	fesseln; faszinieren
Qu'est-ce qu'on peut faire? [keskõpøfɛʀ]	Was können wir machen?
Qu'est-ce que tu veux faire? [keskətyvøfɛʀ]	Was möchtest du machen?
vouloir qc [vulwaʀ]	etw. wollen

→ **vouloir**
je **veux**, tu **veux**, il/elle/on **veut**, nous **voulons**, vous **voulez**, ils/elles **veulent**

pouvoir qc [puvwaʀ]	etw. können

→ **pouvoir**
je **peux**, tu **peux**, il/elle/on **peut**, nous **pouvons**, vous **pouvez**, ils/elles **peuvent**

Je veux bien. [ʒəvøbjɛ̃]	Ich möchte gern.
Le soleil brille. [ləsɔlɛjbʀij]	Die Sonne scheint.
Elle ne connaît pas la fille. [ɛlnəkɔnɛpalafij]	Sie kennt das Mädchen nicht.
Je connais tous ses copains. [ʒəkɔnɛtusekɔpɛ̃]	Ich kenne alle seine Freunde.
faire les présentations [fɛʀlepʀezɑ̃tasjõ]	die Präsentationen machen; präsentieren
poser qc [poze]	etw. stellen/setzen/legen
aider qn [ede]	jdm. helfen
Vous pouvez apporter les chaises. [vupuveapɔʀteleʃɛz]	Ihr könnt die Stühle hertragen.
Si vous voulez. [sivuvule]	Wenn Sie wollen.; Wenn ihr wollt.
vendre qc [vɑ̃dʀ]	etw. verkaufen

caresser qn/qc [kaʀese]	jdn./etw. streicheln
expliquer qc à qn [ɛksplike]	jdm. etw. erklären
Malika et Julie n'arrêtent pas une seconde. [malikaeʒylinaʀetpaynsəgõd]	Malika und Julie hören nicht eine Sekunde lang auf.
Qu'est-ce que vous voulez boire? [kɛskəvuvulebwaʀ]	Was wollt ihr trinken?
monter qc [mõte]	etw. aufbauen; etw. aufstellen
Ils s'occupent des chevaux. [ilsɔkypdeʃəvo]	Sie kümmern sich um die Pferde.
appeler qn [apəle]	jdn. anrufen; jdn. rufen
surveiller qn/qc [syʀvɛje]	jdn./etw. überwachen
terminer qc [tɛʀmine]	etw. fertigstellen; etw. beenden
Tout le monde se retrouve autour de la table. [tulmõdsəʀətʀuvotuʀdəlatabl]	Alle treffen sich um den Tisch herum.
compter qc [kõte]	etw. zählen
On voit ... [õvwa]	Man sieht ...
On peut voir ... [õpøvwaʀ]	Man kann ... sehen.
Vous pouvez payer à la caisse. [vupuvepɛjealakɛs]	Sie können an der Kasse bezahlen.

1 **Konjugiere die Verben im Präsens. Fülle die Tabelle aus.**

	pouvoir	vouloir
je		
tu		
il/elle/on		
nous		
vous		
ils/elles		

2 **Welche Verben in der Infinitivformen verstecken sich hinter den Buchstabensalaten?**

S E R O P	______________	(stellen)
D E R I A	______________	(helfen)
P P A E L E R	______________	(anrufen)
R E N T E R I M	______________	(fertigstellen)
L L R E U R S V E I	______________	(überwachen)
R E T M O N	______________	(aufbauen)
Q U R E P L I X E	______________	(erklären)

3 **Fülle nun die Lücken mit Verben in der passenden Form.**

A la journée «Portes ouvertes», les filles veulent ______________ (aider). Elles ______________ (poser) leurs affaires sous une table.

– Qu'est-ce que tu ______________ (vendre) Célia?

– Des gâteaux pour la SPA.

Célia ______________ (expliquer) le travail de la SPA.

Maryline et Tao s'occupent des chevaux.

– Bijou est bizarre. Nous ______________ (ne pas appeler) le vétérinaire?

– Non, mais on ______________ (surveiller) Bijou.

4 Bringe die Satzteile in die richtige Reihenfolge.

a) je / Est-ce que / compter / l'argent? / peux

___

b) animaux? / Tu / aimes / caresser / les

___

c) vous / On / peut / aider?

___

d) vous / Qu'est-ce que / boire? / voulez

___

e) Nous / faire / balade / voulons / à cheval. / une

___

f) Est-ce qu' / peuvent / s'occuper / ils / de / Bijou?

___

5 Kreuze die richtigen Antworten an.

a) Du findest etwas faszinierend. Was sagst du?
- ☐ Ça me fascine!
- ☐ Ça te fascine?

b) Du fragst deinen Freund, was er machen kann. Was fragst du?
- ☐ Qu'est-ce que tu veux faire?
- ☐ Qu'est-ce que tu peux faire?

c) Du möchtest etwas gerne machen/haben. Was sagst du?
- ☐ Si vous voulez.
- ☐ Je veux bien.

Zu den Verbtabellen

Die Verben werden in **vier** Gruppen eingeteilt:

die **Gruppe 1** mit den **„normalen" Verben auf** *-er* und mit denen, die eine **kleine „Macke"** haben **(1b–1f)**,

die **Gruppe 2** mit den **Verben auf** *-dre*,

die **Gruppe 3** besteht aus den **unregelmäßigen Verben**, sie werden einzeln durchnummeriert.

In den folgenden Bänden werden die Verbtabellen sowohl um die neu hinzukommenden Zeiten als auch um die neuen unregelmäßigen Verben erweitert.

1 Die Verben auf *-er: -e, -es, -e, -ons, -ez, -ent*

1a	**chercher** (suchen)							TE II 3B
Präsens		**Passé composé**			**Futur composé**			**Imperativ**
je	cherch**e**	j’	ai	cherché	je	vais	chercher	Cherche.
tu	cherch**es**	tu	as	cherché	tu	vas	chercher	Cherchons.
il/elle/on	cherch**e**	il/elle/on‿	a	cherché	il/elle/on	va	chercher	Cherchez.
nous	cherch**ons**	nous‿	avons	cherché	nous‿	allons	chercher	
vous	cherch**ez**	vous‿	avez	cherché	vous‿	allez	chercher	
ils/elles	cherch**ent**	ils/elles‿	ont	cherché	ils/elles	vont	chercher	

Ebenso: alle regelmäßigen Verben auf *-er.*

Beachte: Die Verben **arriver** (ankommen), **entrer** (eintreten), **tomber** (fallen), **rentrer** (heimkommen), **rester** (bleiben) bilden das **Passé composé** mit **être**.

1b	**appeler** ([an]rufen)							TE II 5A
Präsens		**Passé composé**			**Futur composé**			**Imperativ**
j'	appelle	j'	**ai**	**appelé**	je	vais	appeler	Appelle.
tu	appelles	tu	**as**	**appelé**	tu	vas	appeler	Appelons.
il/elle/on‿	appelle	il/elle/on‿	**a**	**appelé**	il/elle/on	va	appeler	Appelez.
nous‿	appelons	nous‿	**avons**	**appelé**	nous‿	allons	appeler	
vous‿	appelez	vous‿	**avez**	**appelé**	vous‿	allez	appeler	
ils/elles‿	appellent	ils/elles‿	**ont**	**appelé**	ils/elles	vont	appeler	

1bb	**<s'appeler>** (heißen) (reflexive Verben)					für besonders leistungsstarke Gruppen
Präsens			**Passé composé**			
je	m'	appelle	je	me	suis	appelé(e)
tu	t'	appelles	tu	t'	es	appelé(e)
il/elle/on	s'	appelle	il/elle/on	s'	est	appelé(e)
nous	nous‿	appelons	nous	nous	sommes	appelé(e)s
vous	vous‿	appelez	vous	vous	êtes	appelé(e)s
ils/elles	s'	appellent	ils/elles	se	sont	appelé(e)s

Von dem reflexiven Verb **s'appeler** hast du in Band 1 schon die Formen der 1.–3. Person Singular Präsens kennen gelernt.

Beachte: Die reflexiven Verben bilden das *Passé composé* immer mit **être**.

Ebenso: s'occuper

1bb **<s'appeler>** (heißen) (reflexive Verben) (als Ausdrücke eingeführt: TE I 1)

Futur composé				
je	vais	m'	appeler	
tu	vas	t'	appeler	
il/elle/on	va	s'	appeler	
nous‿	allons	nous‿	appeler	
vous‿	allez	vous‿	appeler	
ils/elles	vont	s'	appeler	

1c	**acheter** (kaufen)									TE II 3A
Präsens		**Passé composé**			**Futur composé**			**Imperativ**		
j’	achète	j’	ai	acheté	je	vais	acheter	Achète.		
tu	achètes	tu	as	acheté	tu	vas	acheter	Achetons.		
il/elle/on‿	achète	il/elle/on‿	a	acheté	il/elle/on	va	acheter	Achetez.		
nous‿	achetons	nous‿	avons	acheté	nous‿	allons	acheter			
vous‿	achetez	vous‿	avez	acheté	vous‿	allez	acheter			
ils/elles‿	achètent	ils/elles‿	ont	acheté	ils/elles	vont	acheter			

1d	**manger** (essen)								TE II 2A
Präsens		**Passé composé**			**Futur composé**			**Imperativ**	
je	mange	j'	ai	mangé	je	vais	manger	Mange.	
tu	manges	tu	as	mangé	tu	vas	manger	Mangeons.	
il/elle/on	mange	il/elle/on‿	a	mangé	il/elle/on	va	manger	Mangez.	
nous	mangeons	nous‿	avons	mangé	nous‿	allons	manger		
vous	mangez	vous‿	avez	mangé	vous‿	allez	manger		
ils/elles	mangent	ils/elles‿	ont	mangé	ils/elles	vont	manger		

Ebenso: **bouger** (sich bewegen), **nager** (schwimmen), **ranger** (aufräumen), **plonger** (tauchen)

1e	préférer (vorziehen)								TE II 1A
Präsens		**Passé composé**			**Futur composé**			**Imperativ**	
je	préfère	j’	ai	préféré	je	vais	préférer	Préfère.	
tu	préfères	tu	as	préféré	tu	vas	préférer	Préférons.	
il/elle/on	préfère	il/elle/on‿	a	préféré	il/elle/on	va	préférer	Préférez.	
nous	préférons	nous‿	avons	préféré	nous‿	allons	préférer		
vous	préférez	vous‿	avez	préféré	vous‿	allez	préférer		
ils/elles	préfèrent	ils/elles‿	ont	préféré	ils/elles	vont	préférer		

Ebenso: Die gleiche „Macke“ haben die Verben **compléter** (vervollständigen), Übungsanweisung, und **répéter** (wiederholen), Übungsanweisung.

1f	**commencer** (anfangen)								TE II 2A
Präsens		**Passé composé**			**Futur composé**			**Imperativ**	
je	commence	j'	ai	commencé	je	vais	commencer	Commence.	
tu	commences	tu	as	commencé	tu	vas	commencer	Commençons.	
il/elle/on	commence	il/elle/on‿	a	commencé	il/elle/on	va	commencer	Commencez.	
nous	commençons	nous‿	avons	commencé	nous‿	allons	commencer		
vous	commencez	vous‿	avez	commencé	vous‿	allez	commencer		
ils/elles	commencent	ils/elles‿	ont	commencé	ils/elles	vont	commencer		

Beachte: **commencer** (anfangen) hat wie **acheter** (s. 1c) und **préférer** (s. 1e) Besonderheiten in Schreibung und Aussprache.

2 Die Verben auf *-dre: -s, -s, -d, -ons, -ez, -ent*

2	**attendre** (warten)							TE II 3A
Präsens		**Passé composé**			**Futur composé**			**Imperativ**
j’	attends	j’	ai	attendu	je	vais	attendre	Attends.
tu	attends	tu	as	attendu	tu	vas	attendre	Attendons.
il/elle/on‿	atten**d**	il/elle/on‿	a	attendu	il/elle/on	va	attendre	Attendez.
nous‿	atten**dons**	nous‿	avons	attendu	nous‿	allons	attendre	
vous‿	atten**dez**	vous‿	avez	attendu	vous‿	allez	attendre	
ils/elles‿	atten**dent**	ils/elles‿	ont	attendu	ils/elles	vont	attendre	

Ebenso: vendre (verkaufen), **répondre** (antworten)

3 Unregelmäßige Verben

3	**être** (sein)								TE I 4A
Präsens		**Passé composé (mit *avoir*)**			**Futur composé**			**<Imperativ>**	
je	**suis**	j'	ai	été	je	vais	être	**Sois.**	
tu	**es**	tu	as	été	tu	vas	être	**Soyons.**	
il/elle/on‿	**est**	il/elle/on‿	a	été	il/elle/on	va	être	**Soyez.**	
nous	**sommes**	nous‿	avons	été	nous‿	allons	être		
vous‿	**êtes**	vous‿	avez	été	vous‿	allez	être		
ils/elles	**sont**	ils/elles‿	ont	été	ils/elles	vont	être		

4	**avoir** (haben)								TE II 2B
Präsens		**Passé composé**			**Futur composé**			**<Imperativ>**	
j'	**ai**	j'	ai	eu	je	vais	avoir	**Aie.**	
tu	**as**	tu	as	eu	tu	vas	avoir	**Ayons.**	
il/elle/on‿	**a**	il/elle/on‿	a	eu	il/elle/on	va	avoir	**Ayez.**	
nous‿	**avons**	nous‿	avons	eu	nous‿	allons	avoir		
vous‿	**avez**	vous‿	avez	eu	vous‿	allez	avoir		
ils/elles‿	**ont**	ils/elles‿	ont	eu	ils/elles	vont	avoir		

5	**faire** (machen)								TE I 6A
Präsens		**Passé composé**			**Futur composé**			**Imperativ**	
je	fais	j’	ai	fait	je	vais	faire	Fais.	
tu	fais	tu	as	fait	tu	vas	faire	Faisons.	
il/elle/on	fait	il/elle/on‿	a	fait	il/elle/on	va	faire	Faites.	
nous	fais**ons**	nous‿	avons	fait	nous‿	allons	faire		
vous	**faites**	vous‿	avez	fait	vous‿	allez	faire		
ils/elles	**font**	ils/elles‿	ont	fait	ils/elles	vont	faire		

6	**aller** (gehen)								TE I 5A
Präsens		**Passé composé**			**Futur composé**			**Imperativ**	
je	**vais**	je	suis	allé(e)	je	vais	aller	**Va**.	
tu	**vas**	tu	es	allé(e)	tu	vas	aller	Allons.	
il/elle/on	**va**	il/elle/on	est	allé(e)	il/elle/on	va	aller	Allez.	
nous‿	**allons**	nous	sommes	allé(e)s	nous‿	allons	aller		
vous‿	**allez**	vous	êtes	allé(e)s	vous‿	allez	aller		
ils/elles	**vont**	ils/elles	sont	allé(e)s	ils/elles	vont	aller		

Beachte: **aller** bildet das **Passé composé** mit **être**.

7	**prendre** (nehmen)								TE II 4A
Präsens		**Passé composé**			**Futur composé**			**Imperativ**	
je	prends	j'	ai	pris	je	vais	prendre	Prends.	
tu	prends	tu	as	pris	tu	vas	prendre	Prenons.	
il/elle/on	prend	il/elle/on‿	a	pris	il/elle/on	va	prendre	Prenez.	
nous	prenons	nous‿	avons	pris	nous‿	allons	prendre		
vous	prenez	vous‿	avez	pris	vous‿	allez	prendre		
ils/elles	prennent	ils/elles‿	ont	pris	ils/elles	vont	prendre		

Ebenso: apprendre (lernen)

8	**mettre** (setzen, stellen, legen)							TE II 1A
Präsens		**Passé composé**			**Futur composé**			**Imperativ**
je	mets	j'	ai	mis	je	vais	mettre	Mets.
tu	mets	tu	as	mis	tu	vas	mettre	Mettons.
il/elle/on	met	il/elle/on‿	a	mis	il/elle/on	va	mettre	Mettez.
nous	me**tt**ons	nous‿	avons	mis	nous‿	allons	mettre	
vous	me**tt**ez	vous‿	avez	mis	vous‿	allez	mettre	
ils/elles	me**tt**ent	ils/elles‿	ont	mis	ils/elles	vont	mettre	

9	**vouloir** (wollen)							TE II 5A
Präsens		**Passé composé**			**Futur composé**			**<Imperativ>**
je	**veux**	j'	ai	voulu	je	vais	vouloir	**Veuille.**
tu	**veux**	tu	as	voulu	tu	vas	vouloir	–
il/elle/on	**veut**	il/elle/on‿	a	voulu	il/elle/on	va	vouloir	**Veuillez.**
nous	voul**ons**	nous‿	avons	voulu	nous‿	allons	vouloir	
vous	voul**ez**	vous‿	avez	voulu	vous‿	allez	vouloir	
ils/elles	**veulent**	ils/elles‿	ont	voulu	ils/elles	vont	vouloir	

10	**pouvoir** (können)								TE II 5A
Präsens		**Passé composé**			**Futur composé**			**Imperativ**	
je	**peux**	j'	ai	**pu**	je	vais	pouvoir		
tu	**peux**	tu	as	**pu**	tu	vas	pouvoir	–	
il/elle/on	**peut**	il/elle/on‿	a	**pu**	il/elle/on	va	pouvoir		
nous	pouv**ons**	nous‿	avons	**pu**	nous‿	allons	pouvoir		
vous	pouv**ez**	vous‿	avez	**pu**	vous‿	allez	pouvoir		
ils/elles	**peuvent**	ils/elles‿	ont	**pu**	ils/elles	vont	pouvoir		

11	**venir** (kommen)								TE II 2A
Präsens		**Passé composé**			**Futur composé**			**Imperativ**	
je	**viens**	je	**suis**	venu(e)	je	vais	venir	**Viens.**	
tu	**viens**	tu	**es**	venu(e)	tu	vas	venir	Ven**ons**.	
il/elle/on	**vient**	il	**est**	venu	il/elle/on	va	venir	Ven**ez**.	
nous	ven**ons**	elle	**est**	venue	nous‿	allons	venir		
vous	ven**ez**	on‿	**est**	venu(e)(s)	vous‿	allez	venir		
ils/elles	**viennent**	nous	**sommes**	venu(e)s	ils/elles	vont	venir		
		vous‿	**etes**	venu(e)(s)					
		ils	**sont**	venus					
		elles	**sont**	venues					

Beachte: **venir** bildet das *Passé composé* mit **être**.

Ebenso: Das Verb **tenir**, von dem du bisher lediglich lexikalisch die Form *Tiens*. (Sieh mal einer an.) kennst. Dieses Verb wird konjugiert wie **venir**, bildet aber das *Passé composé* mit **avoir**.

12	**connaître** (kennen)								für besonders leistungsstarke Gruppen TE II 5A
Präsens		**Passé composé**			**Futur composé**			**Imperativ**	
je	connais	j'	ai	**connu**	je	vais	connaître	Connais.	
tu	connais	tu	as	**connu**	tu	vas	connaître	Conna**issons**.	
il/elle/on	conna**î**t	il/elle/on‿	a	**connu**	il/elle/on	va	connaître	Conna**issez**.	
nous	conna**issons**	nous‿	avons	**connu**	nous‿	allons	connaître		
vous	conna**issez**	vous‿	avez	**connu**	vous‿	allez	connaître		
ils/elles	conna**issent**	ils/elles‿	ont	**connu**	ils/elles	vont	connaître		

13	**boire** (trinken)				für besonders leistungsstarke Gruppen TE II 5A			
Präsens		**Passé composé**			**Futur composé**			**Imperativ**
je	**bois**	j'	ai	**bu**	je	vais	boire	Bois.
tu	**bois**	tu	as	**bu**	tu	vas	boire	**Bu**vons.
il/elle/on	**boit**	il‿	a	**bu**	il/elle/on	va	boire	**Bu**vez.
nous	bouv**ons**	elle‿	a	**bu**	nous‿	allons	boire	
vous	buv**ez**	on‿	a	**bu**	vous‿	allez	boire	
ils/elles	bo**ivent**	nous‿	avons	**bu**	ils/elles	vont	boire	
		vous‿	avez	**bu**				
		ils‿	ont	**bu**				
		elles‿	ont	**bu**				

					N° *
A					
acheter qc	etw. kaufen	II	3	A	**1c**
adorer	(sehr) lieben; am liebsten haben; mögen	I	3	A	**1a**
aider qn	jdm. helfen	II	5	A	**1a**
aimer	mögen; lieben	I	3	A	**1a**
aller	gehen/fahren	I	5	A	**6**
allumer qc	etw. einschalten	II	2	A	**1a**
appeler qn	jdn. (an)rufen	II	5	A	**1b**
s'appeler	heißen	I	1	A	**1b**
apporter	(mit)bringen	I	4	B	**1a**
apprendre qc	etw. lernen	II	2	A	**2**
arriver	(an)kommen	I	3	C	**1a**
attendre qn/qc	auf jdn./etw. warten	II	3	A	**2**
avoir	haben	II	2	B	**4**
il y a	es gibt	I	3	A	**4**
B					
boire qc	etw. trinken	II	5	A	**13**
bouger	(sich) bewegen	II	1	A	**1a**
C					
caresser qn/qc	jdn./etw. streicheln	II	5	A	**1a**
chanter	singen	I	3	B	**1a**
chatter	chatten	II	2	A	**1a**
chercher	suchen	II	3	B	**1a**
cliquer sur qc	auf etw. klicken	II	2	A	**1a**
commander	bestellen	II	1	A	**1a**
commencer	anfangen	II	2	A	**1a**
compter qc	etw. zählen	II	5	A	**1a**
confirmer qc	etw. bestätigen	II	2	A	**1a**
connaître qn/qc	jdn./etw. kennen	II	5	A	**12**
contrôler qc	etw. kontrollieren	II	4	A	**1a**
D					
danser	tanzen	I	3	B	**1a**
demander qc à qn	jdn. etw. fragen	II	3	A	**1a**

* Verbgruppe

détester	(überhaupt) nicht mögen/ hassen	I	3	A	**1a**
donner qc à qn	jdm. etw. geben	II	2	A	**1a**
E					
écouter	zuhören	I	6	B	**1a**
entrer	eintreten/betreten/ hereinkommen	I	6	B	**1a**
être	sein	I	4	A	**3**
expliquer qc à qn	jdm. etw. erklären	II	5	A	**1a**
F					
faire	machen	I	6	A	**5**
fasciner	fesseln, faszinieren	II	5	AP	**1a**
Il faut ...	Wir müssen ...	II	4	A	**lex.**
fermer	schließen	II	1	A	**1a**
frapper	klopfen	I	6	B	**1a**
G					
gagner	gewinnen	I	4	B	**1a**
H					
habiter	wohnen	I	5	A	**1a**
halluciner	halluzinieren/spinnen	I	5	A	**1a**
I					
inviter	einladen	I	6	A	**1a**
J					
jongler	jonglieren	I	5	A	**1a**
jouer	spielen	I	3	B	**1a**
M					
manger qc	etw. essen	II	2	A	**1a**
mettre	setzen/stellen/legen; hineintun; anziehen	II	1	A	**8**
monter qc	etw. aufbauen/aufstellen	II	5	A	**1a**
montrer qc à qn	jdm. etw. zeigen	II	2	A	**1a**
N					
nager	schwimmen	I	6	B	**1a**

O

s'occuper de qn/qc	sich um jdn./etw. kümmern	II	5	A	**1bb**
oublier qc	etw. vergessen	II	3	A	**1a**

P

paniquer	in Panik geraten	I	6	B	**1a**
partir	losfahren/abfahren/ weggehen	II	4	A	**lex.**
passer	verbringen	I	6	A	**1a**
pique-niquer	ein Picknick machen	II	4	A	**1a**
Il pleut.	Es regnet.	I	5	B	**lex.**
plonger	tauchen	II	4	A	**1a**
porter	tragen	II	1	A	**1a**
poser qc	etw. stellen/setzen/legen	II	5	A	**1a**
pouvoir qc	etw. können	II	5	A	**10**
prendre qc	etw. nehmen	II	4	A	**7**
proposer qc	etw. vorschlagen	II	4	A	**1a**
préférer	bevorzugen	II	1	A	**1a**
préparer	Vorbereiten/zubereiten	I	3	C	**1a**
présenter	vorstellen/präsentieren	I	6	B	**1a**

R

raconter qc	etw. erzählen	II	3	A	**1a**
ramasser qc	etw. einsammeln/ aufheben	II	3	A	**1a**
ranger	aufräumen	I	4	B	**1a**
regarder	ansehen/anschauen/ betrachten	I	3	B	**1a**
rencontrer qn	jdn. treffen/jdm. begegnen	II	3	A	**1a**
rentrer	heimkommen/heimgehen	II	1	A	**1a**
répondre à qn	jdm. antworten	II	3	A	**2**
rester	bleiben	I	3	B	**1a**
retourner	umkehren/zurückkehren	II	4	A	**1a**
retrouver qc/qn	jdn./etw. treffen/wieder finden	II	2	A	**1a**

réviser qc	etw. lernen/wiederholen	II	2	A	**1a**
rigoler	Spaß haben/herumalbern	I	6	A	**1a**
S					
sonner	klingeln/läuten	I	5	C	**1a**
surveiller qn/qc	jdn./etw. überwachen	II	5	A	**1a**
T					
taper qc	etw. tippen	II	2	A	**1a**
téléphoner	telefonieren	II	3	A	**1a**
terminer qc	etw. beenden, etw. fertigstellen	II	5	A	**1a**
tomber	(hin)fallen	I	3	B	**1a**
tourner	abbiegen/(sich) drehen	I	6	B	**1a**
traîner *(fam.)*	herumhängen *(ugs.)*	II	3	A	**1a**
trouver	finden	I	5	C	**1a**
V					
vendre qc	etw. verkaufen	II	5	A	**2**
venir	kommen	II	2	A	**11**
visiter	besichtigen	I	5	A	**1a**
vouloir qc	etw. wollen	II	5	A	**9**

Band 1

Leçon 1–3

1. 1.a) ; 2.f) ; 3.b) ; 4.c) ; 5.e) ; 6.d) ; 7.g)

2. a) Qu'est-ce que c'est? b) Qu'est-ce qu'il fait? c) Qu'est-ce qu'il y a?

3. a) j'ai b) ils/elles cherchent c) j'/il/elle/on adore
d) tu habites e) nous arrivons f) vous restez
g) tu arrives h) ils/elles préparent i) nous regardons
j) j'/il/elle/on aime

4.  aimer  adorer  détester

 chercher  danser  tomber

 jouer  chanter

5.

				a	i
a	v	o	n	s	
v		n			
e		t			
z				a	

6. Amir et les amis **ont** la coupe! Ils arrivent chez Mme Moretti.
La maman de Julie **a** une crêperie.
Mme Moretti: Les filles, vous **avez** faim?
Les filles: Oui, nous **avons** faim.
Mme Moretti: Amir. Tu **as** faim aussi?
Amir: Oh oui! J'**ai** faim, Mme Moretti!

Lösungen

Leçon 4

1.

a)	s	u	i	s		
b)	e	s				
c)	e	s	t			
d)	s	o	m	m	e	s
e)	ê	t	e	s		
f)	s	o	n	t		

a) je suis
b) tu es
c) il est
d) nous sommes
e) vous êtes
f) ils sont

2. a) Oui, je suis d'accord!/dans le bus.
b) Où sont les filles?
c) Mon anniversaire, c'est le samedi.
d) Vous êtes où?
e) Allô? Oui, nous sommes dans le bus./d'accord.

3. a) Les parents de ma mère, ce sont mes grands-parents.
b) Les amis de Maxime apportent le cadeau d'anniversaire.
c) Qu'est-ce qu'il y a dans l'armoire de Maxime?
d) Aujourd'hui, tu ranges ta chambre.
e) Qu'est-ce qu'on achète pour l'anniversaire de Maxime?

4.

Deutsch	Französisch
Warte mal.	**Attends.**
Das ist teuer.	**C'est cher.**
Zeig mal.	**Fais voir.**
Ich bin einverstanden.	**Je suis d'accord.**
Gewonnen!	**Gagné!**
Wir sind dran.	**C'est à nous.**

Leçon 5

1. **aller** (gehen) **visiter** (besichtigen) **jongler** (jonglieren) **trouver** (finden) **sonner** (klingeln) **halluciner** (spinnen)

2. Aujourd'hui il fait beau, Julie et Lisa **vont** à Montmartre. Elles **visitent** le Sacré-Cœur. Waouh! C'est fou! Traoré est là et il **jongle** avec son ballon. Julie **hallucine**! Vite un film! Lisa **cherche** et **trouve** son portable. Ouf!

3. a) On **va** à la crêperie?
   b) Je ne **vais** pas au collège aujourd'hui.
   c) Il fait beau. Tu **vas** à la piscine?
   d) Nous **allons** à l'Aquaboulevard.
   e) Lisa et Julie **vont** à Montmartre.
   f) Vous n'**allez** pas au cinéma demain?

4. a) Je n'aime pas le fromage.
   b) Vous n'avez pas faim?
   c) Les amis n'ont pas rendez-vous devant le collège.
   d) Le portable de Julie n'est pas dans son sac.
   e) Tu ne vas pas à la piscine?
   f) Les filles ne regardent pas les casquettes.
   g) Ce n'est pas cher!

5. a) J'hallucine! b) Combien ça fait? c) Viens! d) Ce n'est pas vrai!

Leçon 6

1.

i	c	r	t	e	u	û	z	**p**	c	x	é
é	a	**f**	v	e	**i**	û	t	**a**	ç	q	**t**
c	i	**r**	o	l	**n**	e	s	**s**	é	r	**o**
o	p	**a**	l	u	**v**	t	ç	**s**	p	o	**u**
u	a	**p**	**a**	**n**	**i**	**q**	**u**	**e**	**r**	r	**r**
t	t	**p**	n	r	**t**	è	v	**r**	i	o	**n**
e	ê	**e**	t	i	**e**	j	e	u	e	s	**e**
r	l	**r**	e	z	**r**	**i**	**g**	**o**	**l**	**e**	**r**

a) verbringen **passer**
b) einladen **inviter**
c) zuhören **écouter**
d) in Panik geraten **paniquer**
e) klopfen **frapper**
f) abbiegen **tourner**
g) lachen **rigoler**

2. a) Julie **passe** deux semaines chez son père.
b) Les grands-parents de Maxime **invitent** Maxime.
c) Laurie et Inès **rigolent** beaucoup en colo.
d) Dans le canoë, Julie a peur. Carla demande: «Pourquoi tu **paniques**?»
e) Samir dit à Julie: «**Tourne** à gauche!»
f) L'animateur dit à tout le monde: «**Ecoutez** le programme!»

3.

			f					
			a		f	a	i	t
	f		i		o			
f	a	i	s	o	n	s		
	i				t			
	t							
	e							
	s							

4. Aujourd'hui, je ne **vais** pas au cinéma parce qu'il fait beau. Alors, avec les amis, nous **allons** à la plage et nous **faisons** du sport. On **fait** du beach-volley. Léa **fait** un pique-nique avec les filles. Après, elles **font** du vélo. Et vous? Qu'est-ce que vous **faites** aujourd'hui?

5.

		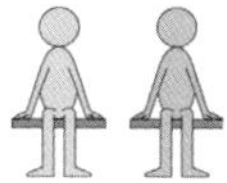
a) Tournez à droite	☐	☒
b) Écoute le rap.	☒	☐
c) Restez avec nous.	☐	☒
d) Range tes livres.	☒	☐
e) Regardez les photos.	☐	☒
f) Apportez les chips.	☐	☒
g) Prépare les crêpes.	☒	☐

Band 2

Leçon 1

1.

r	i	g	o	l	**r**	e	s	p
é	**b**	a	l	u	**e**	t	ç	î
c	**o**	**m**	**m**	**a**	**n**	**d**	**e**	**r**
é	**u**	t	n	r	**t**	è	v	e
r	**g**	z	**p**	**o**	**r**	**t**	**e**	**r**
e	**e**	l	e	z	**e**	t	t	e
z	**r**	n	**f**	**e**	**r**	**m**	**e**	**r**

a) commander b) porter c) rentrer d) bouger e) fermer

2. a) Qu'est-ce que tu **préfères**? – Je préfère le t-shirt jaune.
b) Et qu'est-ce que Léa **préfère**? – La robe.
c) Vous, qu'est-ce que vous **préférez**? – Nous préférons le sweat.
d) Et qu'est-ce que les garçons **préfèrent**? – Le jean.

3. – Vous **passez** une commande sur Internet?
– Oui, nous **commandons** un t-shirt blanc.
– Vous ne **préférez** pas le sweat noir?
– Oh, non, je **porte** des t-shirts blancs.
– Alors, **achète** le t-shirt!

4.

								m	je **mets**
					m			e	tu **mets**
					e			t	
		m	e	t	t	o	n	s	il/elle/on **met**
		e							
m	e	t	t	e	z				nous **mettons**
		t							
	m	e	t	s					vous **mettez**
		n							
		t							ils/elles **mettent**

5. a) Tu rigoles! b) Qu'est-ce que vous fabriquez?
c) Ça me va? d) Tu me soûles!

Leçon 2

1.

a)	a	l	l	u	m	e	r		
b)	t	a	p	e	r				
c)	c	l	i	q	u	e	r		
d)	c	o	n	f	i	r	m	e	r
e)	c	h	a	t	t	e	r		

Lösungswort: Internet

2. Pour **chatter**, c'est facile! Regarde, d'abord on **allume** l'ordinateur. Quand tu as une demande de contact d'un ami, tu **cliques** sur «**confirmer**». Après, tu **tapes** ton message. Super facile!!

3.

							v	i	e	n	s
				v			i				
				i			e				
		v		e			n				
v	i	e	n	n	e	n	t				
e		n		s							
n		o									
e		n									
z		s									

a) Je **viens** de Paris. Et toi?
b) Tu **viens**?
c) Il **vient** des toilettes.
d) Nous **venons** de la piscine.
e) Vous **venez** du collège?
f) Elles **viennent** de l'infirmerie.

4. a) Maxime vient du gymnase.
b) La prof donne un livre à Alex.
c) La documentaliste montre les ordinateurs à Julie.
d) Alex présente sa photo à madame Colin.

Leçon 3

1.

	attendre	répondre
j'/je	**attends**	**réponds**
tu	**attends**	**réponds**
il/elle/on	**attend**	**répond**
nous	**attendons**	**répondons**
vous	**attendez**	**répondez**
ils/elles	**attendent**	**répondent**

2. – Aujourd'hui, j'**achète** un t-shirt sur Internet.
– Moi, je n'**achète** pas sur Internet. Je **préfère** les boutiques.
– Vous **achetez** dans les boutiques? Mes parents **préfèrent** aussi les boutiques mais avec mes sœurs, nous **préférons** Internet. Nous **achetons** tout sur Internet. Les robes, les livres, la musique…

3.

je	m	a	n	g	e			
tu	m	a	n	g	e	s		
il/elle	m	a	n	g	e			
nous	m	a	n	g	e	o	n	s
vous	m	a	n	g	e	z		
ils/elles	m	a	n	g	e	n	t	

4. a) Tu m'énerves! b) Attendez. c) Attends. d) Réponds.

5. a) Aujourd'hui, j'ai mangé un sandwich.
b) Mon portable a sonné.
c) Nous avons trouvé des clés dans la rue.
d) Vous avez fait un match de badminton?
e) Les filles ont téléphoné à Mehdi.
f) J'ai acheté un t-shirt sur Internet.

Leçon 4

1.

c	i	g	o	l	r	e	s	p	é	o
o	b	**i**	**p**	**r**	**o**	**p**	**o**	**s**	**e**	**r**
n	o	**n**	m	a	n	**l**	e	r	a	m
t	u	**s**	n	r	t	**o**	v	e	i	n
r	**e**	**t**	**o**	**u**	**r**	**n**	**e**	**r**	e	o
ô	e	**a**	e	z	e	**g**	t	e	n	p
l	a	**l**	d	e	m	**e**	n	d	e	m
e	r	**l**	è	**p**	**a**	**r**	**t**	**i**	**r**	n
r	o	**e**	t	e	p	o	r	t	e	o
e	z	**r**	t	t	e	z	e	t	t	p

a) proposer b) partir c) contrôler d) retourner
e) installer f) plonger

2.
Demain, on va **partir** à 9 heures. Je **propose** d'aller faire une balade en vélo. Mais d'abord, il faut **contrôler** les VTT. Après, on va **plonger** dans l'eau et on va pique-niquer. Mais aujourd'hui, il va pleuvoir. Alors, il faut **retourner** à la maison à 17 heures. D'accord?

3.

				p		p	r	e	n	d
		p		r		r				
		r		e		e				
p	r	e	n	n	e	n	t			
r		n		d		o				
e		d		s		n				
n		s				s				
e										
z										

a) je **prends**
b) tu **prends**
c) on **prend**
d) nous **prenons**
e) vous **prenez**
f) elles **prennent**

4. a) Dépêchez-vous!
b) J'ai chaud.
c) Qu'est-ce qu'il y a?
d) Il fait du soleil.
e) J'ai envie de pique-niquer.

5.

1.	2.	3.	4.	5.
c	e	a	b	d

6. a) Je vais chatter avec mes amis.
b) Nous allons jouer au foot.
c) Il va faire beau demain?
d) Vous allez faire un match de badminton?
e) On va aller au cinéma?
f) Je vais acheter un t-shirt sur Internet.
g) Qu'est-ce que vous allez faire là-bas?
h) Elles ne vont pas partir pas à onze heures.

Leçon 5

1.

	pouvoir	vouloir
je	**peux**	**veux**
tu	**peux**	**veux**
il/elle/on	**peut**	**veut**
nous	**pouvons**	**voulons**
vous	**pouvez**	**voulez**
ils/elles	**peuvent**	**veulent**

2. **poser** (stellen)
   aider (helfen)
   appeler (anrufen)
   terminer (fertigstellen)
   surveiller (überwachen)
   monter (aufbauen)
   expliquer (erklären)

3. A la journée «Portes ouvertes», les filles veulent **aider** (aider).
   Elles **posent** (poser) leurs affaires sous une table.
   - Qu'est-ce que tu **vends** (vendre) Célia?
   - Des gâteaux pour la SPA.
   Célia **explique** (explique) le travail de la SPA.
   Maryline et Tao s'occupent des chevaux.
   - Bijou est bizarre. Nous **n'appelons pas** (ne pas appeler) le vétérinaire?
   - Non, mais on **surveille** (surveiller) Bijou.

4. a) Est-ce que je peux compter l'argent?
   b) Tu aimes caresser les animaux?
   c) On peut vous aider?
   d) Qu'est-ce que vous voulez boire?
   e) Nous voulons faire une balade à cheval.
   f) Est-ce qu'ils peuvent s'occuper de Bijou?

5. a) Ça me fascine!
   b) Qu'est-ce que tu peux faire?
   c) Je veux bien.